RICETTE SOUS VIDE

L'ARTE DI CUCINARE A BASSE TEMPERATURE IN MODO GENUINO E GUSTOSO

ELENA COLOMBI

Sommario

5

Frittata di Manzo Macinata

Tempo di preparazione + cottura: 35 minuti | Porzioni: 3

Ingredienti:

1 tazza di carne macinata magra

¼ di tazza di cipolle tritate finemente

¼ di cucchiaino di timo essiccato, macinato

½ cucchiaino di origano essiccato, macinato

Sale e pepe nero qb

1 cucchiaio di olio d'oliva

Indicazioni:

Preriscalda l'olio in una padella a fuoco medio. Aggiungere le cipolle e saltare in padella per circa 3-4 minuti o finché non diventano traslucide. Aggiungere la carne macinata e cuocere per 5 minuti, mescolando di tanto in tanto. Cospargere con sale, pepe, timo e origano. Mescolate bene e cuocete ancora per un minuto. Togliete dal fuoco e mettete da parte.

Preparare un bagnomaria e inserire il Sous Vide. Impostare a 170 F. Sbattere le uova in una ciotola media e versarle in un sacchetto richiudibile sottovuoto. Aggiungi la miscela di carne macinata. Rilasciare l'aria con il metodo dello spostamento dell'acqua e sigillare il sacchetto.

Immergere la borsa nel bagnomaria e impostare il timer per 15 minuti. Utilizzando un guanto, massaggiare la busta ogni 5 minuti per garantire una cottura uniforme. Una volta che il timer si è fermato, rimuovere la busta dal bagnomaria e trasferire la frittata in un piatto da portata.

Frittata Vegetariana Leggera

Tempo di preparazione + cottura: 1 ora e 40 minuti | Porzioni: 5

ingredienti

1 cucchiaio di olio d'oliva

1 cipolla media, tritata

Sale qb

4 spicchi d'aglio tritati

1 daikon, sbucciato e tagliato a dadini

2 carote, sbucciate e tagliate a cubetti

1 pastinaca, sbucciata e tagliata a dadini

1 tazza di zucca butternut, sbucciata e tagliata a cubetti

200 g di funghi ostrica, tritati

¼ tazza di foglie di prezzemolo, tritate fresche

Un pizzico di peperoncino a scaglie

5 uova grandi

¼ di tazza di latte intero

Indicazioni

Preparare un bagnomaria e inserire il Sous Vide. Impostare a 175 F. Ungere alcuni barattoli con olio. Mettere da parte.

Riscaldare una padella a fuoco vivace con olio. Aggiungere il sudore di cipolla per 5 minuti. Aggiungere l'aglio e cuocere per 30 secondi. Condite con sale. Unisci carote, daikon, zucca e pastinaca. Aggiustate di sale e fate cuocere altri 10 minuti. Aggiungere i funghi e condire con i fiocchi di pepe e il prezzemolo. Cuocere per 5 minuti.

In una ciotola sbattete le uova e il latte Condite con sale. Separare il composto tra i barattoli con le verdure. Sigilla e immergi i barattoli nel bagnomaria. Cuocere per 60 minuti. Una volta che il timer si è fermato, rimuovere i barattoli. Lasciate raffreddare e servite.

Panino con avocado e uova

Tempo di preparazione + cottura: 70 minuti | Porzioni: 4

Ingredienti:

8 fette di pane

4 uova

1 avocado

1 cucchiaino di paprika

4 cucchiaini di salsa olandese

1 cucchiaio di prezzemolo tritato

Sale e pepe nero qb

Indicazioni:

Preparare un bagnomaria e inserire il Sous Vide. Impostare su 145 F. Estrarre la polpa di avocado e schiacciarla. Mescolare la salsa e le spezie. Metti le uova in un sacchetto sigillabile sottovuoto. Rilasciare l'aria con il metodo dello spostamento dell'acqua, sigillare e immergere la sacca a bagnomaria. Imposta il timer per 1 ora.

Una volta fatto, mettere subito a raffreddare in un bagno di ghiaccio. Pelare e affettare le uova. Distribuire metà delle fette di uovo con la purea di avocado e guarnire con le fette di uovo. Completare con le rimanenti fette di pane.

Uova alla diavola

Tempo di preparazione + cottura: 75 minuti | Porzioni: 6

Ingredienti:

6 uova

Succo di 1 limone

2 cucchiai di prezzemolo tritato

1 pomodoro, tritato

2 cucchiai di olive nere tritate

1 cucchiaio di yogurt

1 cucchiaio di olio d'oliva

1 cucchiaino di senape

1 cucchiaino di peperoncino in polvere

Indicazioni:

Preparare un bagnomaria e inserire il Sous Vide. Impostare a 170 F. Posizionare le uova in un sacchetto sigillabile sottovuoto. Rilasciare l'aria con il metodo dello spostamento dell'acqua, sigillare e immergere la sacca a bagnomaria. Imposta il timer per 1 ora.

Una volta pronto, rimuovere la busta e in un bagno di ghiaccio per raffreddare e sbucciare. Tagliare a metà e raccogliere i tuorli.

Aggiungere i restanti ingredienti ai tuorli e mescolare per amalgamare. Riempi le uova con il composto.

Uova bollite

Tempo di preparazione + cottura: 1 ora e 10 minuti | Porzioni: 3

Ingredienti:

3 uova grandi
Bagno di ghiaccio

Indicazioni:

Fare un bagnomaria, inserire il sottovuoto e impostare su 165 F. Mettere le uova nel bagnomaria e impostare il timer per 1 ora.

Una volta che il timer si è fermato, trasferire le uova in un bagno di ghiaccio. Pelare le uova. Servire come spuntino o in insalata.

Uova in salamoia

Tempo di preparazione + cottura: 2 ore 10 minuti | Porzioni: 6

Ingredienti:

6 uova

1 cucchiaio di pepe in grani

Succo di una lattina di barbabietole

1 tazza di aceto

½ cucchiaio di sale

2 spicchi d'aglio

1 foglia di alloro

¼ di tazza di zucchero

Indicazioni:

Preparare un bagnomaria e posizionarvi sopra il sottovuoto. Impostare a 170 F. Abbassare con cautela le uova nell'acqua e cuocere per 1 ora. Usando una schiumarola, trasferiscili in una grande ciotola con acqua ghiacciata e lasciali raffreddare per un paio di minuti. Sbucciare e mettere in un barattolo da 1 litro con un coperchio a cerniera.

In una piccola ciotola unire gli ingredienti rimanenti. Versare sopra le uova, sigillare e immergere nella vasca da bagno. Cuocere per 1 ora. Rimuovere il barattolo dal bagnomaria e lasciar raffreddare a temperatura ambiente.

Uova morbide e peperoncino

Tempo di preparazione + cottura: 60 minuti | Porzioni: 5

Ingredienti:

1 cucchiaio di peperoncino in polvere

5 uova

Sale e pepe nero qb

Indicazioni:

Preparare un bagnomaria e posizionarvi sopra il sottovuoto. Impostare su 147 F. Mettere le uova in un sacchetto sigillabile sottovuoto. Rilasciare l'aria con il metodo dello spostamento dell'acqua, sigillare e immergere nella vasca da bagno. Cuocere per 50 minuti.

Una volta che il timer si è fermato, rimuovere il sacchetto e metterli in un bagno di ghiaccio per raffreddare e sbucciare. Cospargere le uova con le spezie e servire.

Uova benedette

Tempo di preparazione + cottura: 70 minuti | Porzioni: 4

Ingredienti:

4 uova

3 once di pancetta affettata

5 cucchiai di salsa olandese

4 muffin ai biscotti

Sale e pepe nero qb

Indicazioni:

Preparare un bagnomaria e inserire il Sous Vide. Impostare su 150 F. Mettere le uova in un sacchetto sigillabile sottovuoto. Rilasciare l'aria con il metodo dello spostamento dell'acqua, sigillare e immergere la sacca nel bagnomaria. Imposta il timer per 1 ora.

Una volta che il timer si è fermato, rimuovere la borsa e separarla. Pelare le uova e adagiarle sopra i muffin. Condire con salsa e cospargere di sale e pepe. Completare con la pancetta.

Scramble all'uovo con aneto e curcuma

Tempo di preparazione + cottura: 35 minuti | Porzioni: 8

Ingredienti:

8 uova

1 cucchiaio di curcuma in polvere

¼ di tazza di aneto

1 cucchiaino di sale

Un pizzico di paprika

Indicazioni:

Preparare un bagnomaria e inserire il Sous Vide. Impostare a 165 F. Sbattere le uova in una ciotola insieme agli ingredienti rimanenti. Trasferire in un sacchetto sigillabile sottovuoto. Rilasciare l'aria con il metodo dello spostamento dell'acqua, sigillare e immergere la sacca a bagnomaria. Imposta il timer per 15 minuti.

Una volta che il timer si è fermato, rimuovere la borsa e massaggiare accuratamente per combinare. Cuocere per altri 15 minuti. Rimuovere la borsa dall'acqua con attenzione. Servire caldo.

Uova in camicia

Tempo di preparazione + cottura: 65 minuti | Porzioni: 4

Ingredienti:

4 tazze d'acqua

4 uova paprika

1 cucchiaio di maionese

Sale e pepe nero qb

Indicazioni:

Preparare un bagnomaria e posizionarvi sopra il sottovuoto. Impostare su 145 F. Mettere le uova in un sacchetto sigillabile sottovuoto. Rilasciare l'aria con il metodo dello spostamento dell'acqua, sigillare e immergere il bagno. Imposta il timer per 55 minuti.

Una volta che il timer si è fermato, rimuovere il sacchetto e trasferirlo in un bagno di ghiaccio per raffreddare e sbucciare. Nel frattempo, portate a ebollizione l'acqua in una casseruola. Infilare le uova sbucciate all'interno e cuocere per un minuto. Mentre le uova stanno cuocendo, sbatti insieme gli ingredienti rimanenti. Cospargi le uova.

Uova in pancetta

Tempo di preparazione + cottura: 7 ore 15 minuti | Porzioni: 4

Ingredienti:

4 uova sode

1 cucchiaino di burro

7 once di pancetta affettata

1 cucchiaio di senape di Digione

4 once di mozzarella, a fette

Sale e pepe nero qb

Indicazioni:

Preparare un bagnomaria e inserire il Sous Vide. Impostare a 140 F. Strofinare la pancetta con burro e pepe. Mettere una fetta di mozzarella sopra ogni uovo e avvolgere le uova insieme al formaggio nella pancetta.

Spennellateli con la senape e metteteli in un sacchetto sigillabile sottovuoto. Rilasciare l'aria con il metodo dello spostamento dell'acqua, sigillare e immergere la sacca a bagnomaria. Imposta il timer per 7 ore. Una volta che il timer si è fermato, rimuovere la busta e trasferirla su un piatto. Servire caldo.

Uova Di Pomodorini

Tempo di preparazione + cottura: 40 minuti | Porzioni: 6

Ingredienti:

10 uova

1 tazza di pomodorini, tagliati a metà

2 cucchiai di panna acida

1 cucchiaio di erba cipollina

½ tazza di latte

½ cucchiaino di noce moscata

1 cucchiaino di burro

1 cucchiaino di sale

Indicazioni:

Preparare un bagnomaria e inserire il Sous Vide. Impostato su 170 F.

Mettere i pomodorini in un grande sacchetto richiudibile sottovuoto. Montare le uova con gli ingredienti rimanenti e versarvi sopra i pomodori. Rilasciare l'aria con il metodo dello spostamento dell'acqua, sigillare e immergere la sacca a bagnomaria. Imposta il timer per 30 minuti. Una volta fatto, rimuovere la busta e trasferirla su un piatto.

Pastrami Scramble

Tempo di preparazione + cottura: 25 minuti | Porzioni: 3

Ingredienti:

6 uova

½ tazza di pastrami

2 cucchiai di panna

Sale e pepe nero qb

2 cucchiai di burro, sciolto

3 fette di pane tostato

Indicazioni:

Preparare un bagnomaria e inserire il Sous Vide. Impostare a 167 F. Sbattere insieme il burro, le uova, la panna e le spezie in un sacchetto sigillabile sottovuoto. Rilasciare l'aria con il metodo dello spostamento dell'acqua, sigillare e immergere la sacca a bagnomaria. Imposta il timer per 15 minuti. Una volta che il timer si è fermato, rimuovere la busta e trasferire le uova su un piatto. Servire sopra il pane tostato.

Shakshuka al pomodoro

Tempo di preparazione + cottura: 2 ore 10 minuti | Porzioni: 3

Ingredienti:

28 once di pomodori schiacciati in scatola

6 uova

1 cucchiaio di paprika

2 spicchi d'aglio, tritati

Sale e pepe nero qb

2 cucchiaini di cumino

¼ di tazza di coriandolo tritato

Indicazioni:

Preparare un bagnomaria e inserire il Sous Vide. Impostare su 148 F. Mettere le uova in un sacchetto sigillabile sottovuoto. Rilasciare l'aria con il metodo dello spostamento dell'acqua, sigillare e immergere la sacca a bagnomaria. Unisci gli ingredienti rimanenti in un altro sacchetto sigillabile sottovuoto. Imposta il timer per 2 ore.

Dividete la salsa di pomodoro in tre ciotole. Una volta che il timer si è fermato, rimuovere la borsa. Sbucciate le uova e mettetene 2 in ogni ciotola.

Frittata Di Spinaci

Tempo di preparazione + cottura: 20 minuti | Porzioni: 2

Ingredienti:

4 uova grandi, sbattute

¼ di tazza di yogurt greco

¾ tazza di spinaci freschi, tritati finemente

1 cucchiaio di burro

¼ di tazza di formaggio cheddar, grattugiato

¼ di cucchiaino di sale

Indicazioni:

Preparare un bagnomaria, inserire il sottovuoto e impostare a 165 F. Sbattere le uova in una ciotola media. Incorpora lo yogurt, il sale e il formaggio. Mettere la miscela in un sacchetto richiudibile sottovuoto e sigillare. Immergi la borsa nel bagnomaria. Cuocere per 10 minuti.

Fate sciogliere il burro in una padella a fuoco medio. Aggiungere gli spinaci e cuocere per 5 minuti. Mettere da parte. Una volta che il timer si è fermato, rimuovere la busta, trasferire le uova su un piatto da portata. Guarnire con gli spinaci e piegare la frittata.

Frittata di rucola e prosciutto

Tempo di preparazione + cottura: 25 minuti | Porzioni: 2

Ingredienti:

4 fette sottili di prosciutto

5 uova grandi

¼ di tazza di rucola fresca, tritata finemente

¼ di tazza di avocado a fette

Sale e pepe nero qb

Indicazioni:

Preparare un bagnomaria, inserire il Sous Vide e impostare a 167 F. Montare le uova con la rucola, il sale e il pepe. Trasferire in un sacchetto sigillabile sottovuoto. Premere per rimuovere l'aria e quindi sigillare il coperchio. Cuocere per 15 minuti. Una volta che il timer si è fermato, rimuovere la busta, aprire il sigillo e trasferire la frittata su un piatto da portata e guarnire con fette di avocado e prosciutto.

Frittata di Cipolline e Zenzero

Tempo di preparazione + cottura: 20 minuti | Porzioni: 2

Ingredienti:

8 uova ruspanti, sbattute

½ tazza di cipolline

1 cucchiaino di zenzero, grattugiato fresco

1 cucchiaio di olio extravergine d'oliva

Sale e pepe nero qb

Indicazioni:

Preparare un bagnomaria, posizionare il Sous Vide e impostare su 165 F.

In una ciotola media, sbatti le uova, lo zenzero, il sale e il pepe. Trasferire la miscela in un sacchetto richiudibile sottovuoto e sigillare. Immergi la borsa nel bagnomaria. Cuocere per 10 minuti.

Scaldare l'olio in una casseruola a fuoco medio. Cuocere i cipollotti per 2 minuti. Una volta che il timer si è fermato, rimuovere il sacchetto, aprire il sigillo e trasferire la frittata su un piatto da portata. Affettare sottilmente, guarnire con le cipolle e piegare la frittata per servire.

Bocconcini di pollo alla ciliegia

Tempo di preparazione + cottura: 1 ora e 40 minuti | Porzioni: 3

Ingredienti:

1 libbra di petto di pollo, disossato e senza pelle, tagliato a pezzetti

1 tazza di peperone rosso, tagliato a pezzi

1 tazza di peperone verde, tagliato a pezzi

1 tazza di pomodorini, interi

1 tazza di olio d'oliva

1 cucchiaino di miscela di condimento italiano

1 cucchiaino di pepe di cayenna

½ cucchiaino di origano essiccato

Sale e pepe nero qb

Indicazioni:

Sciacquare la carne sotto l'acqua corrente fredda e asciugarla tamponando con carta da cucina. Tagliarli a pezzetti e metterli da parte. Lavate i peperoni e tagliateli a tocchetti. Lavate i pomodorini e privateli dei gambi verdi. Mettere da parte.

In una ciotola, unisci l'olio d'oliva con il condimento italiano, il pepe di Caienna, il sale e il pepe.

Mescolare fino a quando ben incorporato. Aggiungere la carne e ricoprire bene con la marinata. Mettere da parte per 30 minuti per consentire ai sapori di fondersi e penetrare nella carne.

Mettere la carne insieme alle verdure in un grande sacchetto sigillabile sottovuoto. Aggiungere tre cucchiai di marinata e sigillare il sacchetto. Cuocere sottovuoto per 1 ora a 149 F.

Toast di Cachi alla Cannella

Tempo di preparazione + cottura: 4 ore 10 minuti | Porzioni: 6

Ingredienti:

4 fette di pane, tostate

4 cachi, tritati

3 cucchiai di zucchero

½ cucchiaino di cannella

2 cucchiai di succo d'arancia

½ cucchiaino di estratto di vaniglia

Indicazioni:

Preparare un bagnomaria e inserire il Sous Vide. Impostato su 155 F.

Metti i cachi in un sacchetto sigillabile sottovuoto. Aggiungi il succo d'arancia, l'estratto di vaniglia, lo zucchero e la cannella. Chiudi la busta e agita bene per ricoprire i pezzi di cachi. Rilasciare l'aria con il metodo dello spostamento dell'acqua, sigillare e immergere la sacca a bagnomaria Impostare il timer per 4 ore.

Una volta che il timer si è fermato, rimuovere la busta e trasferire i cachi in un robot da cucina. Frulla fino a ottenere un composto omogeneo. Distribuire la miscela di cachi sul pane tostato.

Ali di pollo allo zenzero

Tempo di preparazione + cottura: 2 ore e 25 minuti | Porzioni: 4

Ingredienti:

2 libbre di ali di pollo

¼ di tazza di olio extravergine di oliva

4 spicchi d'aglio

1 cucchiaio di foglie di rosmarino tritate finemente

1 cucchiaino di pepe bianco

1 cucchiaino di pepe di cayenna

1 cucchiaio di timo fresco, tritato finemente

1 cucchiaio di zenzero fresco, grattugiato

¼ di tazza di succo di lime

½ tazza di aceto di mele

Indicazioni:

Sciacquare le ali di pollo sotto l'acqua corrente fredda e scolarle in un grande scolapasta.

In una grande ciotola, unisci l'olio d'oliva con l'aglio, il rosmarino, il pepe bianco, il pepe di Cayenna, il timo, lo zenzero, il succo di lime e l'aceto di mele. Immergere le ali in questa miscela e coprire. Mettete in frigo per un'ora.

Trasferire le ali insieme alla marinata in un grande sacchetto sigillabile sottovuoto. Sigillare il sacchetto e cuocere sottovuoto per 1 ora e 15 minuti a 149 F. Togliere dal sacchetto sigillabile sottovuoto e rosolare prima di servire. Servite e gustate!

Tortini Di Manzo

Tempo di preparazione + cottura: 1 ora 55 minuti | Porzioni: 4

Ingredienti:

1 libbra di carne macinata magra

1 uovo

2 cucchiai di mandorle tritate finemente

2 cucchiai di farina di mandorle

1 tazza di cipolle, tritate finemente

2 spicchi d'aglio, schiacciati

¼ di tazza di olio d'oliva

Sale e pepe nero qb

¼ di tazza di foglie di prezzemolo tritate finemente

Indicazioni:

In una ciotola, unire la carne macinata con cipolle tritate finemente, aglio, olio, sale, pepe, prezzemolo e mandorle. Mescolate bene con una forchetta e aggiungete poco alla volta la farina di mandorle.

Sbattere in un uovo e conservare in frigorifero per 40 minuti. Togli la carne dal frigorifero e forma delicatamente delle polpette spesse un pollice, di circa 4 pollici di diametro. Mettere in due buste sigillate sottovuoto separate e cuocere sottovuoto per un'ora a 129 F.

Cavoli Verdi Ripieni

Tempo di preparazione + cottura: 65 minuti | Porzioni: 3

Ingredienti:

1 libbra di cavolo cappuccio, al vapore

1 libbra di carne macinata magra

1 cipolla piccola, tritata finemente

1 cucchiaio di olio d'oliva

Sale e pepe nero qb

1 cucchiaino di menta fresca, tritata finemente

Indicazioni:

Fai bollire una grande pentola d'acqua e aggiungi le verdure. Cuocere brevemente, per 2-3 minuti. Scolare e strizzare delicatamente le verdure e mettere da parte.

In una grande ciotola, unisci carne macinata, cipolla, olio, sale, pepe e menta. Mescola bene fino a incorporarli. Posiziona le foglie sul piano di lavoro, con le vene rivolte verso l'alto. Usa un cucchiaio della miscela di carne e posizionalo nella parte inferiore centrale di ogni foglia. Piega i lati e arrotolali saldamente. Infila i lati e trasferisci delicatamente in un grande sacchetto sigillabile sottovuoto. Sigilla la busta e cuoci sottovuoto per 45 minuti a 167 F.

Salsiccia italiana alle erbe

Tempo di preparazione + cottura: 3 ore 15 minuti | Porzioni: 4

ingredienti

1 libbra di salsiccia italiana

1 peperone rosso, affettato

1 peperone giallo, affettato

1 cipolla, affettata

1 spicchio d'aglio, tritato

1 tazza di succo di pomodoro

1 cucchiaino di origano essiccato

1 cucchiaino di basilico essiccato

1 cucchiaino di olio d'oliva

Sale e pepe nero qb

4 fette di pane

Indicazioni

Preparare un bagnomaria e inserire il Sous Vide. Impostato su 138 F.

Mettere le salsicce in un sacchetto sigillabile sottovuoto. Aggiungere l'aglio, il basilico, la cipolla, il peperone, il succo di pomodoro e l'origano in ogni sacchetto. Rilasciare l'aria con il metodo dello spostamento dell'acqua, sigillare e immergere i sacchetti nel bagnomaria. Cuocere per 3 ore.

Una volta che il timer si è fermato, rimuovere le salsicce e trasferirle in una padella calda. Friggerle per 1 minuto per lato. Mettere da parte. Aggiungere i restanti ingredienti nella padella, condire con sale e pepe. Cuocere finché l'acqua non sarà evaporata. Servire le salsicce e gli altri ingredienti tra il pane.

Carciofi, Limone e Aglio

Tempo di preparazione + cottura: 2 ore e 15 minuti | Porzioni: 5

Ingredienti:

3 carciofi

Succo di 3 Limoni

1 cucchiaio di senape

5 spicchi d'aglio, tritati

1 cucchiaio di cipolla verde tritata

4 cucchiai di olio d'oliva

Indicazioni:

Preparare un bagnomaria e inserire il Sous Vide. Impostare a 195 F. Lavare e separare i carciofi. Mettere in una ciotola di plastica. Aggiungere gli altri ingredienti e agitare per ricoprire bene. Metti tutto il composto in un sacchetto di plastica. Sigilla e immergi la borsa a bagnomaria. Imposta il timer per 2 ore.

Una volta che il timer si è fermato, rimuovere la busta e cuocere sulla griglia per un minuto per lato.

Crocchette di tuorlo Panko

Tempo di preparazione + cottura: 60 minuti | Porzioni: 5

Ingredienti:

2 uova più 5 tuorli

1 tazza di pangrattato panko

3 cucchiai di olio d'oliva

5 cucchiai di farina

¼ cucchiaino condimento italiano

½ cucchiaino di sale

¼ di cucchiaino di paprika

Indicazioni:

Preparare un bagnomaria e inserire il Sous Vide. Impostare a 150 F. Mettere il tuorlo nell'acqua (senza sacchetto o bicchiere) e cuocere per 45 minuti, girando a metà. Lasciate raffreddare leggermente. Sbattete le uova insieme agli altri ingredienti, escluso l'olio. Immergi i tuorli nella miscela di uova e panko.

Scalda l'olio in una padella. Friggere i tuorli per pochi minuti per lato, fino a dorarli.

Chili Hummus

Tempo di preparazione + cottura: 4 ore 15 minuti | Porzioni: 9)

Ingredienti:

16 once di ceci, messi a bagno durante la notte e scolati

2 spicchi d'aglio, tritati

1 cucchiaino di sriracha

¼ di cucchiaino di peperoncino in polvere

½ cucchiaino di peperoncino in scaglie

½ tazza di olio d'oliva

1 cucchiaio di sale

6 tazze d'acqua

Indicazioni:

Preparare un bagnomaria e inserire il Sous Vide. Impostare a 195 F. Mettere i ceci e l'acqua in un sacchetto di plastica. Rilasciare l'aria con il metodo dello spostamento dell'acqua, sigillare e immergere la sacca a bagnomaria Impostare il timer per 4 ore.

Una volta che il timer si è fermato, rimuovere il sacchetto, scolare l'acqua e trasferire i ceci in un robot da cucina. Aggiungi gli altri ingredienti. Frulla fino a ottenere un composto omogeneo.

Bacchette di senape

Tempo di preparazione + cottura: 1 ora | Porzioni: 5

Ingredienti:

2 libbre di cosce di pollo

¼ di tazza di senape di Digione

2 spicchi d'aglio, schiacciati

2 cucchiai di cocco aminos

1 cucchiaino di sale rosa dell'Himalaya

½ cucchiaino di pepe nero

Indicazioni:

Risciacquare le bacchette sotto l'acqua corrente fredda. Scolateli in un grande scolapasta e metteteli da parte.

In una piccola ciotola, unisci Digione con l'aglio schiacciato, gli aminos al cocco, il sale e il pepe. Spalmate il composto sulla carne con uno spazzolino da cucina e mettete in un grande sacchetto richiudibile sottovuoto. Sigilla la busta e cuoci sottovuoto per 45 minuti a 167 F.

Girelle di melanzane con pistacchi

Tempo di preparazione + cottura: 8 ore 10 minuti | Porzioni: 8

Ingredienti:

3 melanzane, affettate

¼ di tazza di pistacchi schiacciati

1 cucchiaio di miso

1 cucchiaio di mirin

2 cucchiaini di olio d'oliva

1 cucchiaino di erba cipollina

Sale e pepe nero qb

Indicazioni:

Preparare un bagnomaria e inserire il Sous Vide. Impostato su 185 F.

Sbatti insieme l'olio, il mirin, l'erba cipollina, il miso e il pepe. Spennellate le fette di melanzane con questo composto. Mettere in un sacchetto sigillabile sottovuoto monostrato e ricoprire con i pistacchi. Ripeti il processo finché non usi tutti gli ingredienti. Rilasciare l'aria con il metodo dello spostamento dell'acqua, sigillare e immergere la sacca a bagnomaria. Imposta il timer per 8 ore. Una volta che il timer si è fermato, rimuovere la borsa e il piatto.

Salsa di Piselli Verdi

Tempo di preparazione + cottura: 45 minuti | Porzioni: 8

Ingredienti:

2 tazze di piselli

3 cucchiai di panna

1 cucchiaio di dragoncello

1 spicchio d'aglio

1 cucchiaino di olio d'oliva

Sale e pepe nero qb

¼ tazza di mela a dadini

Indicazioni:

Preparare un bagnomaria e inserire il Sous Vide. Impostare a 185 F. Mettere tutti gli ingredienti in un sacchetto sigillabile sottovuoto. Rilasciare l'aria con il metodo dello spostamento dell'acqua, sigillare e immergere la sacca a bagnomaria. Imposta il timer per 32 minuti. Una volta che il timer si è fermato, rimuovere la busta e frullare con un frullatore a immersione fino a che liscio.

Patatine fritte

Tempo di preparazione + cottura: 45 | Porzioni: 6

Ingredienti:

3 libbre di patate, affettate

5 tazze d'acqua

Sale e pepe nero qb

¼ di cucchiaino di bicarbonato di sodio

Indicazioni:

Preparare un bagnomaria e inserire il Sous Vide. Impostato su 195 F.

Mettere le fette di patate, l'acqua, il sale e il bicarbonato di sodio in un sacchetto sigillabile sottovuoto. Rilasciare l'aria con il metodo dello spostamento dell'acqua, sigillare e immergere la sacca a bagnomaria. Imposta il timer per 25 minuti.

Nel frattempo scaldate l'olio in una casseruola a fuoco medio. Una volta che il timer si è fermato, rimuovere le fette di patate dalla salamoia e asciugarle tamponando. Cuocere nell'olio per pochi minuti, fino a doratura.

Insalata di tacchino con cetriolo

Tempo di preparazione + cottura: 2 ore 20 minuti | Porzioni: 3

Ingredienti:

1 libbra di petto di tacchino, affettato

½ tazza di brodo di pollo

2 spicchi d'aglio, tritati

2 cucchiai di olio d'oliva

1 cucchiaino di sale

¼ di cucchiaino di pepe di Caienna

2 foglie di alloro

1 pomodoro di media grandezza, tritato

1 peperone rosso grande, tritato

1 cetriolo di media grandezza

½ cucchiaino di condimento italiano

Indicazioni:

Condire il tacchino con sale e pepe di Caienna. Mettere in un recipiente richiudibile sottovuoto insieme a brodo di pollo, aglio e alloro. Sigillare la busta e cuocere in Sous Vide per 2 ore a 167 F. Rimuovere e mettere da parte. Metti le verdure in una ciotola capiente e aggiungi il tacchino. Mescolare con condimento italiano e olio d'oliva. Mescola bene per amalgamare e servire subito.

Ginger Balls

Tempo di preparazione + cottura: 1 ora e 30 minuti | Porzioni: 3

Ingredienti:

1 libbra di carne macinata

1 tazza di cipolle, tritate finemente

3 cucchiai di olio d'oliva

¼ di tazza di coriandolo fresco, tritato finemente

¼ di tazza di menta fresca, tritata finemente

2 cucchiaini di pasta di zenzero

1 cucchiaino di pepe di cayenna

2 cucchiaini di sale

Indicazioni:

In una grande ciotola, unisci carne macinata, cipolle, olio d'oliva, coriandolo, menta, coriandolo, pasta di zenzero, pepe di Caienna e sale. Stampare le polpette e conservare in frigorifero per 15 minuti. Togliere dal frigorifero e trasferire in sacchetti separati sottovuoto. Cuocere in Sous Vide per 1 ora a 154 F.

Merluzzo Bite Balls

Tempo di preparazione + cottura: 105 minuti | Porzioni: 5

Ingredienti:

12 once cod

2 once di pane

1 cucchiaio di burro

¼ di tazza di farina

1 cucchiaio di semolino

2 cucchiai d'acqua

1 cucchiaio di aglio tritato

Sale e pepe nero qb

¼ di cucchiaino di paprika

Indicazioni:

Preparare un bagnomaria e inserire il Sous Vide. Impostato su 125 F.

Unire il pane e l'acqua e schiacciare il composto. Aggiungere gli altri ingredienti e mescolare bene per amalgamare. Fai delle palline con il composto.

Spruzzare una padella con uno spray da cucina e cuocere le palline da morso a fuoco medio per circa 15 secondi per lato, fino a quando non sono leggermente tostate. Mettere i bocconcini di merluzzo in un sacchetto sigillabile sottovuoto. Rilasciare l'aria con il metodo dello spostamento dell'acqua, sigillare e immergere la sacca a bagnomaria. Imposta il timer per 1 ora e 30 minuti. Una volta che il timer si è fermato, rimuovere la busta e impiattare i bocconcini di merluzzo. Servire.

Carote Baby Glassate

Tempo di preparazione + cottura: 3 ore 10 minuti | Porzioni: 4

Ingredienti:

1 tazza di carotine

4 cucchiai di zucchero di canna

1 tazza di scalogno tritato

1 cucchiaio di burro

Sale e pepe nero qb

1 cucchiaio di aneto

Indicazioni:

Preparare un bagnomaria e posizionarvi sopra il sottovuoto. Impostare a 165 F. Mettere tutti gli ingredienti in un sacchetto sigillabile sottovuoto. Agitare per ricoprire. Rilasciare l'aria con il metodo dello spostamento dell'acqua, sigillare e immergere in bagnomaria Impostare il timer per 3 ore. Una volta che il timer si è fermato, rimuovere la borsa. Servire caldo.

Ali di Pollo Calde

Tempo di preparazione + cottura: 4 ore 15 minuti | Porzioni: 4

Ingredienti:

2 libbre di ali di pollo

½ stecca di burro, sciolta

¼ di tazza di salsa rossa calda

½ cucchiaino di sale

Indicazioni:

Preparare un bagnomaria e posizionarvi sopra il sottovuoto. Impostare a 170 F. Condire il pollo con sale e metterlo in 2 sacchetti sigillabili sottovuoto. Rilasciare l'aria con il metodo dello spostamento dell'acqua, sigillare e immergere nella vasca da bagno. Cuocere per 4 ore. Una volta fatto, rimuovere i sacchetti. Montare la salsa e il burro. Lancia le ali con il composto.

Muffin alla cipolla e pancetta

Tempo di preparazione + cottura: 3 ore 45 minuti | Porzioni: 5

Ingredienti:

1 cipolla, tritata

6 once di pancetta, tritata

1 tazza di farina

4 cucchiai di burro, sciolto

1 uovo

1 cucchiaino di bicarbonato di sodio

1 cucchiaio di aceto

¼ di cucchiaino di sale

Indicazioni:

Preparare un bagnomaria e inserire il Sous Vide. Impostato su 196 F.

Nel frattempo, in una padella a fuoco medio, cuocere la pancetta fino a renderla croccante. Trasferire in una ciotola e aggiungere la cipolla al grasso di pancetta e cuocere per qualche minuto, fino a quando non sarà morbida.

Trasferire in una ciotola e incorporare gli altri ingredienti. Dividete la pastella dei muffin in 5 vasetti piccoli. Assicurati di non riempire più della metà. Metti i barattoli a bagnomaria e imposta il timer per 3 ore e 30 minuti. Una volta che il timer si è fermato, rimuovere i barattoli e servire.

Cozze al vino bianco

Tempo di preparazione + cottura: 1 ora e 20 minuti | Porzioni: 3

Ingredienti:

1 libbra di cozze fresche

3 cucchiai di olio extravergine di oliva

1 tazza di cipolle, tritate finemente

¼ di tazza di prezzemolo fresco, tritato finemente

3 cucchiai di timo fresco, tritato

1 cucchiaio di scorza di limone

1 tazza di vino bianco secco

Indicazioni:

In una padella di media grandezza, scaldare l'olio. Aggiungere le cipolle e saltare in padella fino a renderle traslucide. Aggiungi la scorza di limone, il prezzemolo e il timo. Mescola bene e trasferisci in un sacchetto sigillabile sottovuoto. Aggiungere le cozze e una tazza di vino bianco secco. Sigillare la busta e cuocere in Sous Vide per 40 minuti a 104 F.

Tamari Corn on The Cob

Tempo di preparazione + cottura: 3 ore 15 minuti | Porzioni: 8

Ingredienti:

1 libbra di mais sulla pannocchia

1 cucchiaio di burro

¼ di tazza di salsa tamari

2 cucchiai di pasta di miso

1 cucchiaino di sale

Indicazioni:

Preparare un bagnomaria e inserire il Sous Vide. Impostato su 185 F.

Sbatti insieme il tamari, il burro, il miso e il sale. Metti le pannocchie in un sacchetto di plastica e versaci sopra il composto. Agitare per ricoprire. Rilasciare l'aria con il metodo dello spostamento dell'acqua, sigillare e immergere la sacca a bagnomaria Impostare il timer per 3 ore. Una volta che il timer si è fermato, rimuovere la borsa. Servire caldo.

Capesante con Pancetta

Tempo di preparazione + cottura: 50 minuti | Porzioni: 6

Ingredienti:

10 once di capesante

3 once di pancetta affettata

½ cipolla grattugiata

½ cucchiaino di pepe bianco

1 cucchiaio di olio d'oliva

Indicazioni:

Preparare un bagnomaria e inserire il Sous Vide. Impostato su 140 F.

Coprite le capesante con la cipolla grattugiata e avvolgetele con le fette di pancetta. Cospargere di pepe bianco e un filo d'olio. Mettilo in un sacchetto di plastica. Rilasciare l'aria con il metodo dello spostamento dell'acqua, sigillare e immergere la sacca a bagnomaria Impostare il timer per 35 minuti. Una volta che il timer si è fermato, rimuovere la borsa. Servire.

Antipasto di Gamberetti

Tempo di preparazione + cottura: 75 minuti | Porzioni: 8

Ingredienti:

1 libbra di gamberetti

3 cucchiai di olio di sesamo

3 cucchiai di succo di limone

½ tazza di prezzemolo

Sale e pepe bianco qb

Indicazioni:

Preparare un bagnomaria e inserire il Sous Vide. Impostato su 140 F.

Metti tutti gli ingredienti in un sacchetto sigillabile sottovuoto. Agitare per ricoprire bene i gamberetti. Rilasciare l'aria con il metodo dello spostamento dell'acqua, sigillare e immergere la sacca a bagnomaria Impostare il timer per 1 ora. Una volta che il timer si è fermato, rimuovere la borsa. Servire caldo.

Crema di Fegato di Pollo

Tempo di preparazione + cottura: 5 ore 15 minuti | Porzioni: 8

Ingredienti:

1 libbra di fegato di pollo

6 uova

8 once di pancetta, tritata

2 cucchiai di salsa di soia

3 once di scalogno, tritato

3 cucchiai di aceto

Sale e pepe nero qb

4 cucchiai di burro

½ cucchiaino di paprika

Indicazioni:

Preparare un bagnomaria e inserire il Sous Vide. Impostato su 156 F.

Cuocere la pancetta in una padella a fuoco medio, aggiungere lo scalogno e cuocere per 3 minuti. Incorporare la salsa di soia e l'aceto. Trasferisci in un frullatore insieme agli altri ingredienti. Frulla fino a ottenere un composto omogeneo. Mettere tutti gli ingredienti in un barattolo di vetro e sigillare. Cuocere per 5 ore. Una volta che il timer si è fermato, rimuovi il barattolo e servi.

Gingery Squash Veggies

Tempo di preparazione + cottura: 70 minuti | Porzioni: 8

Ingredienti:

14 once di zucca butternut

1 cucchiaio di zenzero grattugiato

1 cucchiaino di burro, sciolto

1 cucchiaino di succo di limone

Sale e pepe nero qb

¼ di cucchiaino di curcuma

Indicazioni:

Preparare un bagnomaria e inserire il Sous Vide. Impostato su 185 F.

Pelare e affettare la zucca a spicchi. Metti tutti gli ingredienti in un sacchetto sigillabile sottovuoto. Agitare per ricoprire bene. Rilasciare l'aria con il metodo dello spostamento dell'acqua, sigillare e immergere la sacca a bagnomaria. Imposta il timer per 55 minuti. Una volta che il timer si è fermato, rimuovere la borsa. Servire caldo.

Code di aragosta

Tempo di preparazione + cottura: 50 minuti | Porzioni: 6

Ingredienti:

Code di aragosta da 1 libbra, pelate

½ limone

½ cucchiaino di aglio in polvere

¼ di cucchiaino di cipolla in polvere

1 cucchiaio di rosmarino

1 cucchiaino di olio d'oliva

Indicazioni:

Preparare un bagnomaria e inserire il Sous Vide. Impostato su 140 F.

Condire l'aragosta con aglio e cipolla in polvere. Mettere in un sacchetto sigillabile sottovuoto. Aggiungere il resto degli ingredienti e agitare per ricoprire. Rilasciare l'aria con il metodo dello spostamento dell'acqua, sigillare e immergere la sacca a bagnomaria Impostare il timer per 40 minuti. Una volta che il timer si è fermato, rimuovere la borsa. Servire caldo.

Tofu barbecue

Tempo di preparazione + cottura: 2 ore e 15 minuti | Porzioni: 8

Ingredienti:

15 once di tofu

3 cucchiai di salsa barbecue

2 cucchiai di salsa tamari

1 cucchiaino di cipolla in polvere

1 cucchiaino di sale

Indicazioni:

Preparare un bagnomaria e inserire il Sous Vide. Impostato su 180 F.

Taglia il tofu a cubetti. Mettilo in un sacchetto di plastica. Rilasciare l'aria con il metodo dello spostamento dell'acqua, sigillare e immergere la sacca a bagnomaria Impostare il timer per 2 ore.

Una volta che il timer si è fermato, rimuovere il sacchetto e trasferirlo in una ciotola. Aggiungere gli altri ingredienti e mescolare per amalgamare.

Gustoso toast francese

Tempo di preparazione + cottura: 100 minuti | Porzioni: 2

Ingredienti:

2 uova

4 fette di pane

½ tazza di latte

½ cucchiaino di cannella

1 cucchiaio di burro, sciolto

Indicazioni:

Preparare un bagnomaria e inserire il Sous Vide. Impostato su 150 F.

Sbatti insieme le uova, il latte, il burro e la cannella. Mettere le fette di pane in un sacchetto richiudibile sottovuoto e versarvi sopra il composto di uova. Agitare per ricoprire bene. Rilasciare l'aria con il metodo dello spostamento dell'acqua, sigillare e immergere la sacca a bagnomaria Impostare il timer per 1 ora e 25 minuti. Una volta che il timer si è fermato, rimuovere la borsa. Servire caldo.

Anatra dolce e piccante

Tempo di preparazione + cottura: 70 minuti | Porzioni: 4

Ingredienti:

1 libbra di petto d'anatra

1 cucchiaino di timo

1 cucchiaino di origano

2 cucchiai di miele

½ cucchiaino di peperoncino in polvere

½ cucchiaino di paprika

1 cucchiaino di sale all'aglio

1 cucchiaio di olio di sesamo

Indicazioni:

Preparare un bagnomaria e inserire il Sous Vide. Impostato su 158 F.

Sbatti insieme il miele, l'olio, le spezie e le erbe aromatiche. Spennellate l'anatra con il composto e mettetela in un sacchetto sigillabile sottovuoto. Rilasciare l'aria con il metodo dello spostamento dell'acqua, sigillare e immergere la sacca a bagnomaria Impostare il timer per 60 minuti.

Una volta che il timer si è fermato, rimuovere la busta e affettare il petto d'anatra. Servire caldo.

Polpette di tacchino

Tempo di preparazione + cottura: 2 ore 10 minuti | Porzioni: 4

Ingredienti:

12 once di tacchino macinato

2 cucchiaini di salsa di pomodoro

1 uovo

1 cucchiaino di coriandolo

1 cucchiaio di burro

Sale e pepe nero qb

1 cucchiaio di pangrattato

½ cucchiaino di timo

Indicazioni:

Preparare un bagnomaria e inserire il Sous Vide. Impostato su 142 F.

Unisci tutti gli ingredienti in una ciotola. Formare il composto in polpette. Mettere in un sacchetto sigillabile sottovuoto. Rilasciare l'aria con il metodo dello spostamento dell'acqua, sigillare e immergere la sacca a bagnomaria Impostare il timer per 2 ore. Una volta che il timer si è fermato, rimuovere la borsa. Servire caldo.

Cosce Dolci con Pomodori Secchi

Tempo di preparazione + cottura: 75 minuti | Porzioni: 7)

Ingredienti:

2 libbre di cosce di pollo

3 once di pomodori secchi, tritati

1 cipolla gialla, tritata

1 cucchiaino di rosmarino

1 cucchiaio di zucchero

2 cucchiai di olio d'oliva

1 uovo, sbattuto

Indicazioni:

Preparare un bagnomaria e inserire il Sous Vide. Impostato su 149 F.

Unire tutti gli ingredienti in un sacchetto sigillabile sottovuoto e agitare per ricoprire bene. Rilasciare l'aria con il metodo dello spostamento dell'acqua, sigillare e immergere la sacca a bagnomaria Impostare il timer per 63 minuti. Una volta che il timer si è fermato, rimuovere il sacchetto e servire come desiderato.

Pollo Adobo

Tempo di preparazione + cottura: 4 ore 25 minuti | Porzioni: 6

Ingredienti:

2 libbre di cosce di pollo

3 cucchiai di pepe in grani

1 tazza di brodo di pollo

½ tazza di salsa di soia

2 cucchiai di aceto

1 cucchiaio di aglio in polvere

Indicazioni:

Preparare un bagnomaria e inserire il Sous Vide. Impostato su 155 F.

Mettere il pollo, la salsa di soia e l'aglio in polvere in un sacchetto sigillabile sottovuoto. Rilasciare l'aria con il metodo dello spostamento dell'acqua, sigillare e immergere la sacca a bagnomaria Impostare il timer per 4 ore. Una volta che il timer si è fermato, rimuovere la busta e metterla in una casseruola. Aggiungi gli altri ingredienti. Cuocere per altri 15 minuti.

Chorizo Fruttato "Eat-me"

Tempo di preparazione + cottura: 75 minuti | Porzioni: 4

ingredienti

2½ tazze di uva bianca senza semi, senza i gambi

1 cucchiaio di rosmarino fresco tritato

2 cucchiai di burro

4 salsicce chorizo

2 cucchiai di aceto balsamico

Sale e pepe nero qb

Indicazioni

Preparare un bagnomaria e inserire il Sous Vide. Impostare a 165 F. Mettere il burro, l'uva bianca, il rosmarino e il chorizo in un sacchetto sigillabile sottovuoto. Agitare bene. Rilasciare l'aria con il metodo dello spostamento dell'acqua, sigillare e immergere la sacca nel bagnomaria. Cuocere per 60 minuti.

Una volta che il timer si è fermato, trasferire il mix di chorizo su un piatto. In una casseruola calda versare il liquido di cottura insieme all'uva e all'aceto balsamico. Mescola per 3 minuti. Top chorizo con salsa all'uva.

Pollo & Funghi in Salsa al Marsala

Tempo di preparazione + cottura: 2 ore e 25 minuti | Porzioni: 2

Ingredienti:

2 petti di pollo, disossati e senza pelle

1 tazza di Marsala

1 tazza di brodo di pollo

14 once di funghi, affettati

½ cucchiaio di farina

1 cucchiaio di burro

Sale e pepe nero qb

2 spicchi d'aglio, tritati

1 scalogno, tritato

Indicazioni:

Preparare un bagnomaria e inserire il Sous Vide. Impostare a 140 F. Condire il pollo con sale e pepe e metterlo in un sacchetto sigillabile sottovuoto insieme ai funghi. Rilasciare l'aria con il metodo dello spostamento dell'acqua, sigillare e immergere in un bagno d'acqua. Cuocere per 2 ore.

Una volta che il timer si è fermato, rimuovere la borsa. Sciogliere il burro in una padella a fuoco medio, incorporare la farina e gli altri ingredienti. Cuocere fino a quando la salsa si addensa. Aggiungere il pollo e cuocere per 1 minuto.

Albicocche alla vaniglia con whisky

Tempo di preparazione + cottura: 45 minuti | Porzioni: 4

ingredienti

2 albicocche, snocciolate e tagliate in quarti

½ tazza di whisky di segale

½ tazza di zucchero ultrafine

1 cucchiaino di estratto di vaniglia

Sale qb

Indicazioni

Preparare un bagnomaria e posizionarvi sopra il sottovuoto. Impostare su 182 F. Mettere tutti gli ingredienti in un sacchetto sigillabile sottovuoto. Rilasciare l'aria con il metodo dello spostamento dell'acqua, sigillare e immergere in un bagno d'acqua. Cuocere per 30 minuti. Una volta che il timer si è fermato, rimuovere il sacchetto e trasferirlo in un bagno di ghiaccio.

Hummus speziato facile

Tempo di preparazione + cottura: 3 ore 35 minuti | Porzioni: 6

ingredienti

1 ½ tazza di ceci secchi, messi a bagno per una notte

2 litri di acqua

¼ di tazza di succo di limone

¼ di tazza di pasta tahini

2 spicchi d'aglio, tritati

2 cucchiai di olio d'oliva

½ cucchiaino di semi di cumino

½ cucchiaino di sale

1 cucchiaino di pepe di cayenna

Indicazioni

Preparare un bagnomaria e inserire il Sous Vide. Impostato su 196 F.

Filtrare i ceci e metterli in un sacchetto sigillabile sottovuoto con 1 litro d'acqua. Rilasciare l'aria con il metodo dello spostamento dell'acqua, sigillare e immergere la sacca nel bagnomaria. Cuocere per 3 ore. Una volta che il timer si è fermato, rimuovere il sacchetto e trasferirlo in un bagno di acqua ghiacciata e lasciare raffreddare.

In un frullatore, mescola il succo di limone e la pasta tahini per 90 secondi. Aggiungere l'aglio, l'olio d'oliva, i semi di cumino e il sale, mescolare per 30 secondi fino a che liscio. Togli i ceci e scolali. Per un hummus più liscio, sbucciate i ceci.

In un robot da cucina, unire la metà dei ceci con il mix di tahini e frullare per 90 secondi. Aggiungere i ceci rimanenti e frullare fino a ottenere un composto omogeneo. Mettere il composto in un piatto e guarnire con pepe di Caienna e i ceci messi da parte.

Bacchette Kaffir Lime

Tempo di preparazione + cottura: 80 minuti | Porzioni: 7)

Ingredienti:

16 once di cosce di pollo

2 cucchiai di foglie di coriandolo

1 cucchiaino di menta secca

1 cucchiaino di timo

Sale e pepe bianco qb

1 cucchiaio di olio d'oliva

1 cucchiaio di foglie di lime Kaffir tritate

Indicazioni:

Preparare un bagnomaria e inserire il Sous Vide. Impostare su 153 F. Mettere tutti gli ingredienti in un sacchetto sigillabile sottovuoto. Massaggiare per ricoprire bene il pollo. Rilasciare l'aria con il metodo dello spostamento dell'acqua, sigillare e immergere la sacca a bagnomaria. Imposta il timer per 70 minuti. Una volta fatto, rimuovi la borsa. Servire caldo.

Purè di patate al latte con rosmarino

Tempo di preparazione + cottura: 1 ora e 45 minuti | Porzioni: 4

ingredienti

2 libbre di patate rosse

5 spicchi d'aglio

250 g di burro

1 tazza di latte intero

3 rametti di rosmarino

Sale e pepe bianco qb

Indicazioni

Preparare un bagnomaria e inserire il Sous Vide. Impostare su 193 F. Lavare le patate, sbucciarle e affettarle. Prendete l'aglio, pelateli e schiacciateli. Unisci le patate, l'aglio, il burro, 2 cucchiai di sale e il rosmarino. Mettere in un sacchetto sigillabile sottovuoto. Rilasciare l'aria con il metodo dello spostamento dell'acqua, sigillare e immergere la sacca nel bagnomaria. Cuocere per 1 ora e 30 minuti.

Una volta che il timer si è fermato, rimuovere la busta e trasferirla in una ciotola e schiacciarli. Mescolare il burro e il latte frullati. Condire con sale e pepe. Completare con il rosmarino e servire.

Spiedini di tofu dolce con verdure

Tempo di preparazione + cottura: 65 minuti | Porzioni: 8)

ingredienti

1 zucchina, a fette

1 melanzana a fette

1 peperone giallo, tritato

1 peperone rosso, tritato

1 peperone verde, tritato

16 once di formaggio di tofu

¼ di tazza di olio d'oliva

1 cucchiaino di miele

Sale e pepe nero qb

Indicazioni

Preparare un bagnomaria e inserire il Sous Vide. Impostato su 186 F.

Mettere le zucchine e le melanzane in un sacchetto richiudibile sottovuoto. Metti i pezzi di peperone in un sacchetto sigillabile sottovuoto. Rilasciare l'aria con il metodo dello spostamento dell'acqua, sigillare e immergere i sacchetti nel bagnomaria.

Cuocere per 45 minuti. Dopo 10 minuti, scalda una padella a fuoco medio.

Filtrate il tofu e asciugatelo. Taglia a cubetti. Spennellare con olio d'oliva e trasferire nella padella e rosolare fino a doratura su ciascun lato. Trasferire in una ciotola, versare il miele e coprire. Lascia raffreddare. Una volta che il timer si è fermato, rimuovere i sacchetti e trasferire tutto il contenuto in una ciotola. Condire con sale e pepe. Scartare i succhi di cottura. Metti le verdure e il tofu, alternandoli, negli spiedini.

Filetti di pollo di Digione

Tempo di preparazione + cottura: 65 minuti | Porzioni: 4

Ingredienti:

Filetti di pollo da 1 libbra

3 cucchiai di senape di Digione

2 cipolle, grattugiate

2 cucchiai di amido di mais

½ tazza di latte

1 cucchiaio di scorza di limone

1 cucchiaino di timo

1 cucchiaino di origano

Aglio sale e pepe nero qb

1 cucchiaio di olio d'oliva

Indicazioni:

Preparare un bagnomaria e inserire il Sous Vide. Impostare a 146 F. Sbattere insieme tutti gli ingredienti e metterli in un sacchetto sigillabile sottovuoto. Rilasciare l'aria con il metodo dello spostamento dell'acqua, sigillare e immergere la sacca a bagnomaria Impostare il timer per 45 minuti. Una volta che il timer si è fermato, rimuovere la busta e trasferire in una casseruola e cuocere a fuoco medio per 10 minuti.

Peperoni ripieni di carote e noci

Tempo di preparazione + cottura: 2 ore 35 minuti | Porzioni: 5

ingredienti

4 scalogni, tritati

4 carote, tritate

4 spicchi d'aglio, tritati

1 tazza di anacardi crudi, ammollati e scolati

1 tazza di noci pecan, ammollate e scolate

1 cucchiaio di aceto balsamico

1 cucchiaio di salsa di soia

1 cucchiaio di cumino macinato

2 cucchiaini di paprika

1 cucchiaino di aglio in polvere

1 pizzico di pepe di Caienna

4 rametti di timo fresco

Scorza di 1 limone

4 peperoni, le cime tagliate e seminate

Indicazioni

Preparare un bagnomaria e inserire il Sous Vide. Impostato su 186 F.

Unire in un frullatore le carote, l'aglio, lo scalogno, gli anacardi, le noci pecan, l'aceto balsamico, la salsa di soia, il cumino, la paprika, l'aglio in polvere, il pepe di Caienna, il timo e la scorza di limone. Mescolare fino a ottenere un composto grosso

Versare il composto nei gusci dei peperoni e metterli in un sacchetto sigillabile sottovuoto. Rilasciare l'aria con il metodo dello spostamento dell'acqua, sigillare e immergere la sacca nel bagnomaria. Cuocere per 1 ora e 15 minuti. Una volta che il timer si è fermato, rimuovere i peperoni e trasferirli su un piatto.

Anatra all'arancia con paprika e timo

Tempo di preparazione + cottura: 15 ore 10 minuti | Porzioni: 4

Ingredienti:

16 once di gambe d'anatra

1 cucchiaino di scorza d'arancia

2 cucchiai di foglie di Kaffir

1 cucchiaino di sale

1 cucchiaino di zucchero

1 cucchiaio di succo d'arancia

2 cucchiaini di olio di sesamo

½ cucchiaino di paprika

½ cucchiaino di timo

Indicazioni:

Preparare un bagnomaria e inserire il Sous Vide. Impostare su 160 F. Scaricare tutti gli ingredienti in un sacchetto sigillabile sottovuoto. Massaggiare per combinare bene. Rilasciare l'aria con il metodo dello spostamento dell'acqua, sigillare e immergere la sacca a bagnomaria Impostare il timer per 15 ore.

Una volta che il timer si è fermato, rimuovere la borsa. Servire caldo.

Coscia di tacchino avvolto nel bacon

Tempo di preparazione + cottura: 6 ore 15 minuti | Porzioni: 5

Ingredienti:

14 once di coscia di tacchino

5 once di pancetta affettata

½ cucchiaino di peperoncino in scaglie

2 cucchiaini di olio d'oliva

1 cucchiaio di panna acida

½ cucchiaino di origano

½ cucchiaino di paprika

¼ di limone, a fette

Indicazioni:

Preparare un bagnomaria e inserire il Sous Vide. Impostato su 160 F.

Unire in una ciotola le erbe e le spezie con la panna acida e spennellare il tacchino. Avvolgere nella pancetta e condire con olio d'oliva. Mettere in un sacchetto sigillabile sottovuoto insieme al limone. Rilasciare l'aria con il metodo dello spostamento dell'acqua, sigillare e immergere la sacca a bagnomaria. Imposta il timer per 6 ore. Una volta che il timer si è fermato, rimuovere la busta e affettare. Servire caldo.

Mix di Asparagi e Dragoncello

Tempo di preparazione + cottura: 25 minuti | Porzioni: 3

Ingredienti:

1 ½ libbra di asparagi medi

5 cucchiai di burro

2 cucchiai di succo di limone

½ cucchiaino di scorza di limone

1 cucchiaio di erba cipollina, affettata

1 cucchiaio di prezzemolo tritato

1 cucchiaio + 1 cucchiaio di aneto fresco, tritato

1 cucchiaio + 1 cucchiaio di dragoncello tritato

Indicazioni:

Fare un bagnomaria, inserire il Sous Vide e impostare a 183 F. Tagliare e scartare il fondo stretto degli asparagi. Mettere gli asparagi in un sacchetto sigillabile sottovuoto.

Rilasciare l'aria con il metodo dello spostamento dell'acqua, sigillare e immergere in un bagno d'acqua e impostare il timer per 10 minuti.

Una volta che il timer si è fermato, rimuovere la borsa e aprire il sigillo. Mettere una padella a fuoco basso, aggiungere il burro e gli asparagi al vapore. Condire con sale e pepe e mescolare continuamente. Aggiungere il succo e la scorza di limone e cuocere per 2 minuti.

Spegnere il fuoco e aggiungere il prezzemolo, 1 cucchiaio di aneto e 1 cucchiaio di dragoncello. Lancia in modo uniforme. Guarnire con l'aneto e il dragoncello rimasti. Servire caldo come contorno.

Cavolfiore Piccanti

Tempo di preparazione + cottura: 35 minuti | Porzioni: 5

Ingredienti:

1 libbra di cavolfiore, a fette

1 cucchiaio di curcuma

1 cucchiaino di peperoncino in polvere

½ cucchiaino di aglio in polvere

1 cucchiaino di sriracha

1 cucchiaio di chipotle

2 cucchiai di burro

Indicazioni:

Preparare un bagnomaria e inserire il Sous Vide. Impostato su 185 F.

Sbatti insieme tutti gli ingredienti, tranne il cavolfiore. Spennellate le bistecche di cavolfiore con il composto. Mettili in un sacchetto sigillabile sottovuoto. Rilasciare l'aria con il metodo dello spostamento dell'acqua, sigillare e immergere la sacca a bagnomaria Impostare il timer per 18 minuti.

Una volta che il timer si è fermato, rimuovere la busta e preriscaldare la griglia e cuocere le bistecche per un minuto per lato.

Strisce di patate di Caienna con condimento di maionese

Tempo di preparazione + cottura: 1 ora e 50 minuti | Porzioni: 6

ingredienti

2 patate dorate grandi, tagliate a listarelle

Sale e pepe nero qb

1 ½ cucchiaio di olio d'oliva

1 cucchiaino di timo

1 cucchiaino di paprika

½ cucchiaino di pepe di cayenna

1 tuorlo d'uovo

2 cucchiai di aceto di sidro

¾ tazza di olio vegetale

Sale e pepe nero qb

Indicazioni

Preparare un bagnomaria e inserire il Sous Vide. Impostare a 186 F. Mettere le patate con un pizzico di sale in un sacchetto sigillabile sottovuoto. Rilasciare l'aria con il metodo dello spostamento dell'acqua, sigillare e immergere in un bagno d'acqua. Cuocere per 1 ora e 30 minuti.

Una volta che il timer si è fermato, rimuovere le patate e asciugarle tamponando con carta da cucina. Scartare i succhi di cottura. Scaldare l'olio in una padella a fuoco medio. Aggiungere le patatine fritte e cospargere di paprika, pepe di Caienna, timo, pepe nero e il sale rimanente. Mescolare per 7 minuti finché le patate non diventano dorate su tutti i lati.

Per fare la maionese: mescolare bene il tuorlo d'uovo e metà dell'aceto. Lentamente, versa l'olio vegetale, mescolando, fino a che liscio. Aggiungi l'aceto rimanente. Condite con sale e pepe e mescolate bene. Servire con patatine fritte.

Anatra al burro e dolce

Tempo di preparazione + cottura: 7 ore 10 minuti | Porzioni: 7)

Ingredienti:

2 libbre di ali d'anatra

2 cucchiai di zucchero

3 cucchiai di burro

1 cucchiaio di sciroppo d'acero

1 cucchiaino di pepe nero

1 cucchiaino di sale

1 cucchiaio di concentrato di pomodoro

Indicazioni:

Preparare un bagnomaria e inserire il Sous Vide. Impostato su 175 F.

Sbatti insieme gli ingredienti in una ciotola e spennella le ali con il composto. Mettete le ali in un sacchetto sigillabile sottovuoto e versateci sopra il composto rimanente. Rilasciare l'aria con il metodo dello spostamento dell'acqua, sigillare e immergere la sacca a bagnomaria Impostare il timer per 7 ore. Una volta che il timer si è fermato, rimuovere la busta e affettare. Servire caldo.

Ignami al burro

Tempo di preparazione + cottura: 1 ora e 10 minuti | Porzioni: 4

ingredienti

1 libbra di patate dolci, a fette

8 cucchiai di burro

½ tazza di panna

Sale qb

Indicazioni

Preparare un bagnomaria e inserire il Sous Vide. Impostare su 186 F. Unire la panna, gli ignami, il sale kosher e il burro. Mettere in un sacchetto sigillabile sottovuoto. Rilasciare l'aria con il metodo dello spostamento dell'acqua, sigillare e immergere la sacca nel bagnomaria. Cuocere per 60 minuti.

Una volta che il timer si è fermato, rimuovere il sacchetto e versare il contenuto in una ciotola. Utilizzando un robot da cucina mescolare bene e servire.

Quiche spinaci e funghi

Tempo di preparazione + cottura: 20 minuti | Porzioni: 2

Ingredienti:

1 tazza di funghi cremini freschi, affettati

1 tazza di spinaci freschi, tritati

2 uova grandi, sbattute

2 cucchiai di latte intero

1 spicchio d'aglio, tritato

¼ di tazza di parmigiano grattugiato

1 cucchiaio di burro

½ cucchiaino di sale

Indicazioni:

Lavate i funghi sotto l'acqua corrente fredda e affettateli sottilmente. Mettere da parte. Lavare accuratamente gli spinaci e tritarli grossolanamente.

In un grande sacchetto sigillabile sottovuoto, mettere i funghi, gli spinaci, il latte, l'aglio e il sale. Sigillare la busta e cuocere sottovuoto per 10 minuti a 180 F.

Nel frattempo, sciogliere il burro in una grande casseruola a fuoco medio. Rimuovere il composto di verdure dal sacchetto e aggiungerlo a una casseruola. Cuocere per 1 minuto, quindi aggiungere le uova sbattute. Mescolare bene fino a incorporare e cuocere fino a quando le uova sono ben impostate. Cospargere di formaggio grattugiato e togliere dal fuoco per servire.

Mais Burro Messicano

Tempo di preparazione + cottura: 40 minuti | Porzioni: 2

ingredienti

2 spighe di grano, sgusciate

2 cucchiai di burro freddo

Sale e pepe nero qb

¼ di tazza di maionese

½ cucchiaio di peperoncino in polvere alla messicana

½ cucchiaino di scorza di lime grattugiata

¼ di tazza di formaggio feta sbriciolato

¼ di tazza di coriandolo fresco tritato

Spicchi di lime per servire

Indicazioni

Preparare un bagnomaria e inserire il Sous Vide. Impostato su 183 F.

Mettere le pannocchie di mais e il burro in un sacchetto richiudibile sottovuoto. Condire con sale e pepe. Rilasciare l'aria con il metodo dello spostamento dell'acqua, sigillare e immergere la sacca nel bagnomaria. Cuocere per 30 minuti.

Una volta che il timer si è fermato, rimuovere il mais. In un piccolo sacchetto, mettete la maionese, la scorza di lime e il peperoncino in polvere. Agitare bene. In un piatto mettete la feta. Ricopri le spighe di mais con 1 cucchiaio di maionese e arrotolale sul formaggio. Guarnire con sale. Servire.

Pere al formaggio con noci

Tempo di preparazione + cottura: 55 minuti | Porzioni: 2

ingredienti

1 pera, affettata

1 libbra di miele

½ tazza di noci

4 cucchiai di Grana Padano a scaglie

2 tazze di foglie di rucola

Sale e pepe nero qb

2 cucchiai di succo di limone

2 cucchiai di olio d'oliva

Indicazioni

Preparare un bagnomaria e inserire il Sous Vide. Impostare su 158 F. Unire il miele e le pere. Mettere in un sacchetto sigillabile sottovuoto. Rilasciare l'aria con il metodo dello spostamento dell'acqua, sigillare e immergere la sacca nel bagnomaria. Cuocere per 45 minuti. Una volta che il timer si è fermato, rimuovere il sacchetto e trasferirlo in una ciotola. Completare con il condimento.

Purea di broccoli e formaggio blu

Tempo di preparazione + cottura: 1 ora e 40 minuti | Porzioni: 6

ingredienti

1 testa di broccolo, tagliato a cimette

3 cucchiai di burro

Sale e pepe nero qb

1 cucchiaio di prezzemolo

150 g di formaggio blu, sbriciolato

Indicazioni

Preparare un bagnomaria e inserire il Sous Vide. Impostato su 186 F.

Metti i broccoli, il burro, il sale, il prezzemolo e il pepe nero in un sacchetto sigillabile sottovuoto. Rilasciare l'aria con il metodo dello spostamento dell'acqua, sigillare e immergere la sacca nel bagnomaria. Cuocere per 1 ora e 30 minuti.

Una volta che il timer si è fermato, rimuovere la busta e trasferire in un frullatore. Metti il formaggio all'interno e mescola ad alta velocità per 3-4 minuti fino a che liscio. Servire.

Zucchine al curry

Tempo di preparazione + cottura: 40 minuti | Porzioni: 3

Ingredienti:

3 zucchine piccole, tagliate a dadini

2 cucchiaini di curry in polvere

1 cucchiaio di olio d'oliva

Sale e pepe nero qb

¼ di tazza di coriandolo

Indicazioni:

Fare un bagnomaria, inserire il Sous Vide e impostare a 185 F. Posizionare le zucchine in un sacchetto sigillabile sottovuoto. Rilasciare l'aria con il metodo dello spostamento dell'acqua, sigillare e immergere la sacca nel bagnomaria. Cuocere per 20 minuti. Una volta che il timer si è fermato, rimuovere e aprire il sacchetto. Mettere una padella a fuoco medio, aggiungere l'olio d'oliva. Una volta che si è riscaldato, aggiungi le zucchine e gli altri ingredienti elencati. Condite con sale e saltate in padella per 5 minuti. Servire come contorno.

Patate Dolci Al Forno Nutty

Tempo di preparazione + cottura: 3 ore 45 minuti | Porzioni: 2

ingredienti

1 libbra di patate dolci, a fette

Sale qb

¼ di tazza di noci

1 cucchiaio di olio di cocco

Indicazioni

Preparare un bagnomaria e inserire il Sous Vide. Impostare a 146 F. Mettere le patate e il sale in un sacchetto sigillabile sottovuoto. Rilasciare l'aria con il metodo dello spostamento dell'acqua, sigillare e immergere la sacca nel bagnomaria. Cuocere per 3 ore. Riscaldare una padella a fuoco medio e tostare le noci. Tagliali.

Preriscaldare il troppo a 375 F e rivestire una teglia con carta da forno. Una volta che il timer si è fermato, rimuovere le patate e trasferirle sulla teglia. Cospargere con olio di cocco e infornare per 20-30 minuti. Lancia una volta. Servire condito con noci tostate.

Barbabietole Piccanti

Tempo di preparazione + cottura: 50 minuti | Porzioni: 4

ingredienti

12 once di barbabietole, a fette

½ peperoncino jalapeño

1 spicchio d'aglio tagliato a dadini

2/3 di tazza di aceto bianco

2/3 di tazza d'acqua

2 cucchiai di spezie per sottaceti

Indicazioni

Preparare un bagnomaria e inserire il Sous Vide. Impostare su 192 F. In 5 barattoli di muratore, unire il peperoncino jalapeño, le barbabietole e gli spicchi d'aglio.

Riscaldare una casseruola e far bollire la spezia, l'acqua e l'aceto bianco. Scolare e versare sopra il composto di barbabietole all'interno dei barattoli. Sigilla e immergi i barattoli nel bagnomaria. Cuocere per 40 minuti. Una volta che il timer si è fermato, rimuovere i barattoli e lasciar raffreddare. Servire.

Mais Burro Piccante

Tempo di preparazione + cottura: 35 minuti | Porzioni: 5

ingredienti

5 cucchiai di burro

5 spighe di mais giallo, mondate

1 cucchiaio di prezzemolo fresco

½ cucchiaino di pepe di Caienna

Sale qb

Indicazioni

Preparare un bagnomaria e inserire il Sous Vide. Impostato su 186 F.

Metti 3 spighe di grano in ogni busta sigillabile sottovuoto. Rilasciare l'aria con il metodo dello spostamento dell'acqua, sigillare e immergere i sacchetti nel bagnomaria. Cuocere per 30 minuti. Una volta che il timer si è fermato, rimuovere il mais dai sacchetti e trasferirlo in un piatto. Guarnire con pepe di cayenna e prezzemolo.

Patate alla paprika e al rosmarino

Tempo di preparazione + cottura: 55 minuti | Porzioni: 4

ingredienti

8 once di patate fingerling

Sale e pepe nero qb

1 cucchiaio di burro

1 rametto di rosmarino

1 cucchiaino di paprika

Indicazioni

Preparare un bagnomaria e inserire il Sous Vide. Impostato su 178 F.

Unire le patate con sale, paprika e pepe. Mettili in un sacchetto sigillabile sottovuoto. Rilasciare l'aria con il metodo dello spostamento dell'acqua, sigillare e immergere la sacca nel bagnomaria. Cuocere per 45 minuti.

Una volta che il timer si è fermato, togliere le patate e tagliarle a metà. Scaldare il burro in una padella a fuoco medio e incorporare il rosmarino e le patate. Cuocere per 3 minuti. Servire in un piatto. Guarnire con sale.

Pane Di Zucca In Barattolo

Tempo di preparazione + cottura: 3 ore 40 minuti | Porzioni: 4

Ingredienti:

1 uovo, sbattuto

6 cucchiai di purea di zucca in scatola

6 once di farina

1 cucchiaino di lievito in polvere

1 cucchiaino di cannella

¼ di cucchiaino di noce moscata

1 cucchiaio di zucchero

¼ di cucchiaino di sale

Indicazioni:

Preparare un bagnomaria e inserire il Sous Vide. Impostato su 195 F.

Setacciare la farina con il lievito, il sale, la cannella e la noce moscata in una ciotola. Mescolare l'uovo sbattuto, lo zucchero e la purea di zucca. Mescolare per formare un impasto.

Dividere l'impasto tra due barattoli di muratore e sigillare. Mettere a bagnomaria e cuocere per 3 ore e 30 minuti. Trascorso il tempo togliete i barattoli e lasciate raffreddare prima di servire.

Uova di porro e aglio

Tempo di preparazione + cottura: 35 minuti | Porzioni: 2

Ingredienti:

2 tazze di porro fresco, tagliato a pezzetti

5 spicchi d'aglio, interi

1 cucchiaio di burro

2 cucchiai di olio extravergine di oliva

4 uova grandi

1 cucchiaino di sale

Indicazioni:

Sbatti insieme le uova, il burro e il sale. Trasferire in un sacchetto sigillabile sottovuoto e cuocere in Sous Vide per dieci minuti a 165 F. Trasferire delicatamente su un piatto. Scalda l'olio in una padella capiente a fuoco medio. Aggiungere l'aglio e il porro tritato. Saltare in padella per dieci minuti. Togliere dal fuoco e utilizzare per guarnire le uova.

Salsa cremosa di carciofi

Tempo di preparazione + cottura: 1 ora e 45 minuti | Porzioni: 6

Ingredienti:

2 cucchiai di burro

2 cipolle, tagliate in quarti

3 spicchi d'aglio, tritati

150 g di cuori di carciofi, tritati

180 g di spinaci surgelati, scongelati

150 g di peperoncini verdi

3 cucchiai di maionese

3 cucchiai di crema di formaggio montata

Indicazioni:

Fai un bagnomaria, mettici dentro Sous Vide e in 180 F. Dividi cipolle, aglio, cuori di carciofi, spinaci e peperoncini verdi in 2 sacchetti sigillabili sottovuoto. Rilasciare l'aria con il metodo dello spostamento dell'acqua, sigillare e immergere i sacchetti nel bagnomaria. Imposta il timer per 30 minuti per cuocere.

Una volta che il timer si è fermato, rimuovere e aprire i sacchetti. Frulla gli ingredienti usando un frullatore. Mettere una padella a fuoco medio e aggiungere il burro. Aggiungere la purea di verdure, il succo di limone, la maionese e il formaggio spalmabile. Condire con sale e pepe. Mescolare e cuocere per 3 minuti. Servire caldo con striscioline di verdure.

Salsa di Formaggio e Ravanelli

Tempo di preparazione + cottura: 1 ora e 15 minuti | Porzioni: 4

Ingredienti:

30 piccoli ravanelli, senza foglie verdi

1 cucchiaio di aceto di Chardonnay

Zucchero qb

1 tazza di acqua per cuocere a vapore

1 cucchiaio di olio di vinaccioli

12 once di crema di formaggio

Indicazioni:

Fare un bagnomaria, inserire il Sous Vide e impostare a 183 F. Mettere i ravanelli, il sale, il pepe, l'acqua, lo zucchero e l'aceto in un sacchetto sigillabile sottovuoto. Liberare l'aria dalla sacca, sigillarla e immergerla nel bagnomaria. Cuocere per 1 ora. Una volta che il timer si è fermato, rimuovere il sacchetto, aprire il sigillo e trasferire i ravanelli con un po 'di acqua fumante in un frullatore. Aggiungere la crema di formaggio e la purea per ottenere una pasta liscia. Servire.

Salsa di sedano

Tempo di preparazione + cottura: 50 minuti | Porzioni: 3

Ingredienti:

½ libbra di radice di sedano, a fette

1 tazza di panna

3 cucchiai di burro

1 cucchiaio di succo di limone

Sale qb

Indicazioni:

Fare un bagnomaria, inserire il Sous Vide e impostare a 183 F. Mettere il sedano, la panna, il succo di limone, il burro e il sale in un sacchetto sigillabile sottovuoto. Rilasciare l'aria dal sacchetto, sigillarlo e immergerlo nella vasca da bagno. Cuocere per 40 minuti. Una volta che il timer si è fermato, rimuovere e aprire il sacchetto. Frulla gli ingredienti usando un frullatore. Servire.

Salsa barbecue piccante

Tempo di preparazione + cottura: 1 ora e 15 minuti | Porzioni: 10)

Ingredienti:

1 ½ libbra di pomodorini

¼ di tazza di aceto di mele

¼ di cucchiaino di zucchero

1 cucchiaio di salsa Worcestershire

½ cucchiaio di fumo di noce americano liquido

2 cucchiaini di paprika affumicata

2 cucchiaini di aglio in polvere

1 cucchiaino di cipolla in polvere

Sale qb

½ cucchiaino di peperoncino in polvere

½ cucchiaino di pepe di cayenna

4 cucchiai d'acqua

Indicazioni:

Fare un bagnomaria, inserire Sous Vide e impostare a 185 F.

Separare i pomodori in due sacchetti sigillabili sottovuoto. Rilasciare l'aria con il metodo dello spostamento dell'acqua, sigillare e immergere i sacchetti nel bagnomaria. Imposta il timer per 40 minuti.

Una volta che il timer si è fermato, rimuovere e aprire i sacchetti. Trasferire i pomodori in un frullatore e frullare fino a ottenere un composto liscio e denso. Non aggiungere acqua.

Mettere una pentola a fuoco medio, aggiungere la passata di pomodoro e gli altri ingredienti. Portare a ebollizione, mescolando continuamente per 20 minuti. Dovrebbe essere ottenuta una consistenza spessa.

Sciroppo Di Zenzero

Tempo di preparazione + cottura: 1 ora e 10 minuti | Porzioni: 10)

Ingredienti:

1 tazza di zenzero, tagliato a fettine sottili

1 cipolla bianca grande, sbucciata

2 ½ tazze d'acqua

¼ di tazza di zucchero

Indicazioni:

Fare un bagnomaria, inserire il Sous Vide e impostare a 185 F. Posizionare la cipolla in un sacchetto sigillabile sottovuoto. Rilasciare l'aria con il metodo dello spostamento dell'acqua, sigillare e immergere nel bagno d'acqua. Cuocere per 40 minuti.

Una volta che il timer si è fermato, rimuovere e aprire il sacchetto. Trasferire la cipolla con 4 cucchiai d'acqua in un frullatore e frullare per ottenere un composto omogeneo. Mettere una pentola a fuoco medio, aggiungere la purea di cipolla e gli altri ingredienti elencati. Portare a ebollizione per 15 minuti. Spegnere il fuoco, raffreddare e filtrare con un colino fine. Conservare in un barattolo, refrigerare e utilizzare per un massimo di 14 giorni. Usalo come spezia in altri alimenti.

Lightning Source UK Ltd.
Milton Keynes UK
UKHW022306010621
384770UK00002B/279